ISBN : 978-2-7540-8671-4
Dépôt légal : juin 2016

Imprimé en Italie
Couverture et mise en page intérieure :
Nicolas Galy pour NoOok
Illustrations : IStockphoto, Freepik

Éditions First, un département d'Édi8
12, avenue d'Italie
75 013 PARIS – France
Tél. : 01 44 16 09 00
Fax : 01 44 16 09 01
E-mail : firstinfo@efirst.com
Site internet : www.editionsfirst.fr

Mathilde Le Guern

# TU SAIS QUE TU ES BRETON QUAND...

FIRST Editions

# AVANT-PROPOS

Nous avons tous notre vision des Bretons, notre attachement, nos préjugés, nos souvenirs de galettes et d'étés sur la côte. Le cidre, le *gwenn ha du*, le vent et les chevaux de trait.

Naît-on breton ? Le devient-on ? Doit-on nécessairement parler breton pour se sentir tel ? Perpétuer la tradition orale comme le faisait si souvent ma grand-mère, *Mam-Goz*, en racontant ses histoires au coin du feu, à l'infini ?

Les citations en breton suivies du sempiternel « je traduis », les mêmes récits, sur la guerre, sa médaille dans les années quarante, le catéchisme en breton, les affreuses bonnes sœurs, la ferme de ses parents à Runan, la tante Jeanne et le tonton Jean, la cousine à Québec, le corset de mon oncle, la honte qui l'envahit enfant lorsque, parlant mal le français, elle rapporta des épingles au lieu d'aiguilles à tricoter à l'école et qu'elle répétait encore, avec une rage quasi intacte :

« Je tricoterai mieux que les autres ! Je tricoterai mieux que les autres ! »

Est-ce mon lien paternel et mon nom de famille breton qui viennent gommer mes origines de l'Est ? Est-ce mon *Tad* qui a tant de fois tenté de m'apprendre sa langue maternelle qui m'a faite bretonne ? Le petit Alain dont la maîtresse de CM1 lut la rédaction contenant des mots de breton car écrite au retour des grandes vacances à Kergroas... Le petit Alain, moqué par toute sa classe, qui se jura alors d'être le premier en français et tient maintenant le rôle de dictionnaire au sein de la famille ?

Je pense, avec Morvan Lebesque, que l'identité bretonne se construit sur le sentiment d'appartenance :

*La Bretagne n'a pas de papiers,*
*Elle n'existe que si à chaque génération*
*Des hommes se reconnaissent bretons...*

Pourvu que vous vous reconnaissiez dans ce petit livre dont la rédaction a été pour moi jubilatoire.

M.L.G.

# CITATION

« En Bretagne comme en Normandie, on est cousin et cousine à trois lieues à la ronde, vu que les parentés ne se perdent jamais et que vingt générations ne détruisent pas le lien primitif du vingtième ancêtre. »

*Les deux nigauds*,
Comtesse de Ségur

CE SOIR, TU SERAS MOINS CON !

# BZH

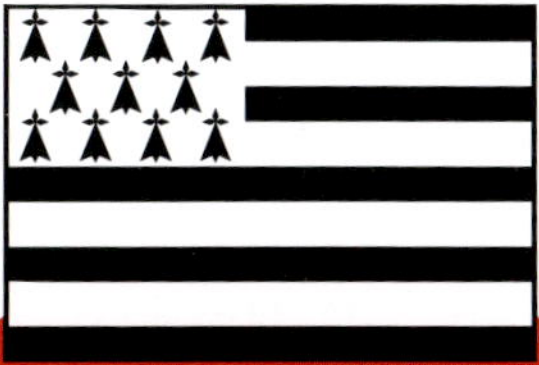

Bzh est l'abréviation de **Breizh** qui signifie Bretagne en breton.

Le *gwenn ha du*, blanc et noir, imaginé par Morvan Marchal vers 1923, en est le drapeau.

Depuis 2013, il existe une extension internet **.bzh.**

Ça peut aussi vouloir dire **B**ons **Z**igzags à l'**H**orizon.

# TU SAIS QUE TU ES BRETON QUAND...

- ... tu ne crains pas la pluie.
- ... tu as au moins un grand-parent qui était paysan.
- ... tu kiffes le lait ribot avec des patates à l'eau.
- ... tu mets un point d'honneur à être bourré.
- ... tu te fous complètement du Mont-Saint-Michel.

# DICTON DU MARIN

Mieux vaut se réveiller avec une gueule de bois qu'une tête de con.

D'aucuns ajoutent : « ça dure moins longtemps ! »

# QUIZ

Si on vous propose de vous « en jeter un petit », il est alors question :

A) d'un lancer de poids

B) d'un lancer de nain

C) d'aller boire un verre

Réponse : C.

# UNE PETITE FAIM ?

D'abord, l'apéro !

Il commence officiellement à 11 heures, peut durer jusqu'au lendemain et s'accompagne parfois de pâté ou de saucisson. Ensuite, vous aurez sûrement droit à une potée ou un truc bien lourd à base de porc, de lard et de saucisses ! Une salade aux échalotes avec un peu de fromage et pourquoi pas du pain-beurre pour faire passer tout ça. Vous serez alors fin prêt pour attaquer le *kouign amann*, les *traou mad* et le délicieux far breton.

Quelques crêpes dentelles avec le café ?

# BRETONNISMES

## Baragouiner

De *bara*, le « pain », et *gwin*, le « vin », deux mots récurrents dans les conversations des soldats bretons et totalement incompréhensibles pour les Français lors des guerres des tranchées.

## Goéland

*Gouelañ* signifie « pleurer » en breton et fait directement référence au son émis par l'oiseau de mer.

## EXPRESSIONS DE BISTROT

**Binouz :** bière

**Jus :** café

***Yehet mad !*** **:** santé !

***Meumeuz tra*** **:**
la même chose

# SPEAKING BREZHONEG

ARTY SHOW

FEST NOISE

BE NEW

QUEEN A MAN

BE GOOD IN

## INITIATIVE

# LANCEZ UNE MODE !

Vous voulez faire un peu branché, dans le vent ou même carrément *in* ?

Voici une suggestion de prénoms bretons qu'il serait de bon ton de donner à vos enfants : Budoc, Malo (oui, oui, comme les yaourts !), Brieuc, Tugdual, Paterne, Goulven, Meriadec, Ruelin, Gobrien pour les garçons et… Haude ou Clervie pour les filles !

# PRIÈRE DU BRETON

Ma Doué
Donnez-moi la santé
pour longtemps
De l'amour de temps en temps
Du boulot pas trop souvent
Mais du cidre et du chouchen
tout le temps.

# DICTON DU MARIN

Un marin
sans couteau,
c'est comme
une putain sans con.

# LEXIQUE FRANÇAIS-BRETON

**Bonjour :** *dez-mat*

**Bienvenue en Bretagne :** *degemer mat en Breizh*

**S'il te plaît :** *mar plij*

**Merci :** *trugarez*

E SOIR, TU SERAS MOINS CON !

# L'HERMINE

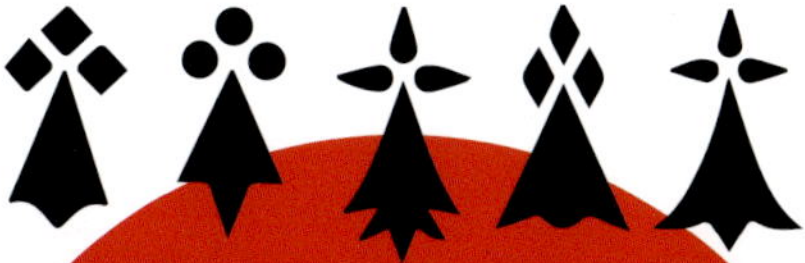

Oui, on sait, l'hermine c'est rageux mais c'est mignon et surtout, c'est un symbole breton qui fit son apparition en 1202. Brun sur le dos et crème sur le ventre, ce petit animal devient tout blanc l'hiver, à l'exception de sa queue, toujours noire au bout. Symbole de pureté, elle est aux ducs de Bretagne ce que le lys est aux rois de France.

# PETITE CHANSON PAILLARDE

Ils ont des chapeaux ronds,
Vive la Bretagne !
Ils ont des chapeaux ronds,
Vive les Bretons ! [...]

Quand il passe un « aéroplane »,
Tous les hommes lèvent les yeux,
Quand il passe une jolie femme,
Tous les hommes lèvent
la queue.

La Marie est bonne ménagère,
Quand elle va faire son marché,
L'aubergine n'est jamais chère,
Pour en faire un godemiché.

Trois bandits dans une chaumière,
N'avaient rien pour se chauffer,
Ils chièrent sur la table
Et se chauffèrent à la fumée.

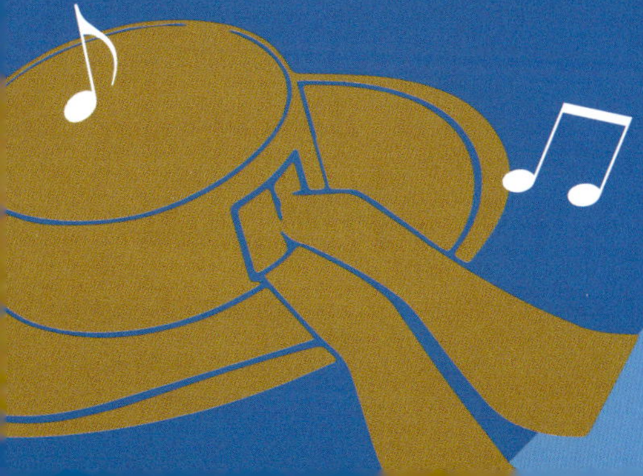

# COUP DE GUEULE !

Bécassine n'est

**PAS**

**bretonne !**

Son costume vert
est picard !

# GLAS

En breton, il n'existe qu'un seul mot pour exprimer le vert et le bleu… Glas (prononcer *glaz*). Il suffit d'y ajouter une nuance si l'on souhaite être plus précis : canard, pigeon, perroquet, mésange, paon, roitelet...! Bref, aidez-vous des oiseaux si ça vous chante. Les ornithophobes pourront se tourner vers le jardin : ciel, eau, tilleul, menthe, citron, pistache, olive, pomme, lavande, mousse, ardoise ou pervenche !

# DICTONS (VOSTFR)

***Diaesoc'h eo kac'hat eskern eget debriñ kig.***

**Il est plus difficile de chier des os que de manger de la viande.**

(Allusion sexuelle)

***Ur wech da welet n'eo ket pec'hed.***

**Une fois pour voir n'est pas péché.**

# CITATION

« La Provence me les gonfle autant que la Bretagne profonde. La bonhomie sucrée de tous ces gros santons mous qui puent l'anis et génocident les coccinelles à boules de pétanque dans la gueule, ça m'escagasse, autant le neurone à folklore que les désespérances crépusculaires de la Paimpolaise qui guette le retour improbable de son massacreur de harengs, la coiffe en bataille et la larme au groin, au pied des bittes de fer fouettées par les embruns. »

*Textes de scène*, Pierre Desproges

# QUIZ

Lequel de ces prénoms est également une variété de légumes très appréciée en Bretagne ?

A) Annabelle

B) Charlotte

C) Rosalie

Réponse : B.

# UNE PETITE SOIF ?

Je prendrais bien un évêque, moi ! Non pas que je pratique avec ferveur la religion catholique (c'est pas parce qu'on a des calvaires partout qu'on en a franchement quelque chose à cirer…) mais parce qu'il est 11 heures du mat' et que c'est le top départ pour l'apéro : un fond de crème de cassis et un p'tit rosé là-d'ssus !

# EXPRESSIONS DU QUOTIDIEN

**Route pêche ! :**
en avant !

**Il fait frisquet :**
il fait frais

***À dreuz* :** de travers

***Bizh* :** bises en BZH

Ce soir, tu seras moins con !

# TOPONYMES

Pas moins de 179 localités bretonnes commencent par *Plou* ! Plo-, Ploe-, Pleu-, Plu-, Pleu-, Plé- Plo-, Ploe-, Pleu-, Plu-, Pleu-, Plé-, *plo* signifiant «paroisse» en breton. On peut aussi penser à *plebs* en latin qui désigne une communauté d'hommes. D'où les « ploucs »…

*Ker* signifie « hameau » ou « lieu-dit » et *ty* veut dire « maison ».

# CITATION (L'INSTANT POÉSIE...)

« J'aime la Bretagne, j'y trouve le sauvage, le primitif. Quand mes sabots résonnent sur ce sol de granit, j'entends le son sourd, mat et puissant que je cherche en peinture. »

Lettre de Paul Gauguin s'installant à Pont-Aven à son ami Émile Schuffenecker en 1888.

# DICTON DU MARIN

Bâbord
Tribord
Ras bord.

# QUIZ

Lorsque vous commandez un « galopin », vous vous apprêtez à boire :

A) un demi « demi »

B) un quart de quart de litre

C) un petit verre de vin

Réponse : A.

# INITIATIVE

La prochaine fois que vous serez en Bretagne avec des copains, nommez-les en breton !

Ainsi, **Marc** deviendra **Marc'h**, **Françoise** s'appellera **Soizic**, **Jacques** se transformera en **Jakez**, **Jean** en **Yann** et **Blanche** sera **Gwenn** ! Un vrai club des cinq !

# DICTON (VOSTFR)

## *Kroget eo ar big en e skouarn.*

**La pie a accroché dans son oreille.**

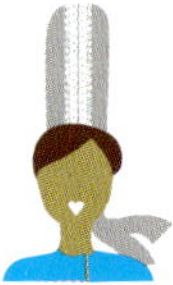

(Truc que ma grand-mère disait quand j'avais quatorze ans, que j'avais les hormones en feu et que ça commençait pas mal à me démanger… Ça se dit aussi d'une femme qui a envie de se marier.)

# EXPRESSIONS DE BISTROT

**Chouille riboule :**
fête

**Poch :** ivrogne

**Il est pas tout seul :**
il est saoul

**Route à 3 grammes :**
route sans flics

# Citation

« Encore un temps à rester à la maison avec un cache-col en peau de cuisse ! »

Entendu dans la bouche du Commandant Prosnier, ancien cap-hornier, à Concarneau dans les années 1970.

# UNE PETITE FAIM ?

Pourquoi ne pas déguster un rôti (de porc) ? Pour l'accompagnement, quoi de mieux que les délicieux cocos de Paimpol qui annoncent des vents contraires à ceux que prévoit la météo ? Un petit conseil toutefois si vous avez des invités : pensez à monter le volume de la sono quand vous serez au café.

# TU SAIS QUE TU ES BRETON QUAND...

- ... tu as déjà « mangé dans un verre ».
- ... tu ne trouves pas que l'andouille sent le cul.
- ... l'eau te sert principalement à rincer les pommes de terre.
- ... tu trouves que les sabots, même portés, c'est tout sauf ringard.
- ... tu ne bois que du cidre brut (on laisse le doux aux Normands !)

# DEVISE

## *Kentoc'h mervel eget bezañ saotret.*

**Plutôt la mort que la souillure.**

Devise des ducs de Bretagne encore officielle aujourd'hui.

Vous n'avez donc pas intérêt à faire dans votre froc si vous êtes breton…

# QUIZ

La morue est en fait :

A) du flétan

B) du cabillaud

C) une cousine de la sardine

Réponse : B.

# GALLO

Dialecte parlé en Haute-Bretagne, en Ille-et-Vilaine, en Loire-Atlantique, dans l'est du Morbihan et des Côtes-d'Armor. Il n'est pas apparenté au breton.

Un gallésant dira par exemple : *« Vien don bère une bolée d'cid avec moué ! »*

# CHANT DE MARINS

## L'ARTILLERIE DE MARINE

À mon premier voyage en Chine,
Un mandarin gras et dodu, gras et dodu
Voulu m'enfoncer l'bout d'sa pine
Dans l'trou d'mon, dans l'trou d'mon,
Dans l'trou d'mon cul.
Dans l'artillerie d'marine,
Tous les obus sont si pointus,
Sont si pointus
Qu'ils entreraient sans vaseline
Dans l'trou d'mon, dans l'trou d'mon,
dans l'trou d'mon cul.

# DICTON DU MARIN

En Bretagne, il y a deux saisons : l'été pendant la semaine du 15 août et l'hiver.

# QUIZ

Lorsque vous vous baladez dans la forêt bretonne, vous entendez le loup, le renard et la belette…

A) danser

B) chanter

C) péter

Réponse : B.

# MÉTÉO

En Bretagne,
s'il ne pleut pas,
c'est qu'il vient de
pleuvoir ou qu'il va
pleuvoir.

## Encore une petite soif ?

« Y paraîtrait qu'y a du whisky qu'est fabriqué en Bretagne !

– Bah du whisky breton, ouais ! T'as le Glann ar Mor et pis l'Warenghem, moins connu. Des *single malt*. Les deux fabriqués en Côtes-d'Armor ! Je te mets lequel ? »

# UN, DEUX ET PLUS

En breton,
on dénombre :

- le singulier,
- le duel,
- le pluriel.

Ainsi, les yeux se déclinent selon qu'on parle d'un borgne, des yeux de sa bien-aimée ou d'une armée d'yeux : *lagad*, *daoulagad* ou *lagadoù*.

# TU SAIS QUE TU ES BRETON QUAND...

- ... tu sais qu'il est possible de danser avec les petits doigts.
- ... tu connais les rouges et noirs, les Merlus, les Canaris et l'EAG ! (pardon les filles, on parle de foot…)
- ... entre pâté Henaff et foie gras, ton cœur balance.
- ... dès que tu tournes la tête, tu vois un hortensia.

# EXPRESSIONS DE VOILEUX

***Gast !*** : putain !

**Manger hydraulique :** boire de l'alcool

**Manche à couilles :** bon à rien

***Marmule*** : costaud

# CITATION

« Les bergers, comme les marins et les commis voyageurs, connaissent toujours une ville où existe quelqu'un capable de leur faire oublier le plaisir de courir le monde en toute liberté. »

*L'Alchimiste*, Paulo Coelho

# MÉTÉO

Contrairement aux idées reçues,
la Bretagne n'est pas la région la plus
humide de France. Elle se place après le
Pays Basque, avec en moyenne 1 450 mm de
précipitations par an sur la région de Biarritz
contre seulement 694 mm autour de Rennes
(soit à peine plus qu'à Marseille). Alors, on
vous le concède, c'est un peu moins glorieux
du côté de Brest avec ses 1 210 mm mais
comme l'aurait dit ma grand-mère :
« Vous n'êtes pas en sucre,
bon sang ! »

# TU SAIS QUE TU ES BRETON QUAND...

- ... tu sais que le breton est une langue (et pas un dialecte, bon sang !)
- ... le kouign amann ne te fait pas peur.
- ... « Anne la traîtresse » est une expression qui t'est familière.
- ... tu as une paire de bottes depuis que tu es gamin.
- ... tu dis parfois « ça sent la petite Bretonne qui se néglige ! » et non « ça sent le poisson ! ».

# DICTON DU BRETON

Verres de rouge,
rien ne bouge !
Verre sur verre, j'suis
pas clair.

# DICTONS
## (VOSTFR)

***An durzunel a ra truez, pa en duez kolled he farez.***

La tourterelle fait pitié, quand elle a perdu sa moitié.

***Pa vez da chom evit atav eo gwelloc'h mat evit brav.***

Quand c'est pour la vie, il vaut mieux une bonne femme qu'une belle femme.

# UNE PETITE FAIM ?

Pour le goûter, on pourrait se lancer ? OK, c'est parti pour le fameux kouign amann ! (On a déjeuné léger aujourd'hui.) Je prends une des sept tablettes de beurre demi-sel de 250 grammes dans mon frigo, j'ajoute 250 grammes de sucre et un peu de pâte à pain, je mélange bien et hop ! au four ! Et surtout, je ne m'inquiète pas s'il est carrément luisant car, après tout, ce n'est pas pour rien qu'on appelle ça « gâteau au beurre » en breton…

# PETITE CHANSON PAILLARDE

M'sieur l' curé de Saint-Sauveur
Il est mort, il s'est pendu,
Les oiseaux n'ont pas eu peur
D' fair' leur nid dans l' trou
d' son cul.
[...]

L'autre jour passant Place Vert'
J'entendis un chien péter
Ça prouvions que c'tte pauv' bêt'
N'a point l' trou du cul bouché.

[…]
M'sieur l' curé de Saint-Viaud
Qu'a un' vache et point de taureau ;
Il fait le taureau lui-même
Ça fait des p'tits viaux quand même.

[…]
Dans l' désert, les dromadaires
Ont la peau tell'ment tendue
Que quand ils ferment les paupières
Ça leur ouvre le trou d'leur cul.

# CITATIONS

**« Un jour, j'irai en Bretagne… avec Frédéric Lopez, *Rendez-vous en terre inconnue*. »**

**« Ça sent le chou-fleur, qui c'est qui a pété ? »**

Extraits du spectacle de Jeff Panacloc, *Jeff Panacoloc perd le contrôle*

# PRIÈRE DU BRETON

De nombreux pardons et grands pardons ont lieu chaque année en Bretagne. Parmi les plus connus, on peut citer le pardon de Saint Yves à Tréguier, celui de Sainte Anne à Fouesnant, ainsi que la grande troménie de Locronan.

Sinon, il y a aussi le classique : « Pardon pour hier, j'avais trop bu… »

# COUP DE GUEULE

Puisqu'on vous dit qu'on a des routes en Bretagne !

La charrette, c'est fini depuis un moment…

Alors d'accord, on ne peut pas rouler à plus de 110 km/h sur la quatre voies mais on ne vit quand même plus au Moyen Âge !

# DICTON DU MARIN

Vent et courant
sont les seules choses
que l'on aime avoir
dans le cul.

# QUIZ

Selon vous, un trimaran est :

A) un bateau à trois mâts

B) un type trois fois plus marrant que les autres

C) un bateau à trois coques

Réponse : C.

# INITIATIVE

**Prenez le chemin des lapins…**

Également appelé « route à 3 grammes », il s'agit là du parcours du type qui a peur pour son permis et qui ne tient pas, mais alors pas du tout, à croiser ses amis les policiers…

N. B. : On se sent un peu obligé de vous dire que si vous êtes vraiment au-dessus de la limite, c'est à votre pote capitaine de soirée de vous ramener. (Bonne chance !)

## TU SAIS QUE TU ES BRETON QUAND...

- ... même complètement bourré, tu continues à picoler.
- ... tu évites de crier dans un bar finistérien que tu es Parisien.
- ... tu es au courant que la vitesse est limitée à 110 km/h dans le 56, le 29, le 22, le 44 et une partie du 35, et que tu sais à quoi ces départements correspondent !
- ... il t'arrive de dire « *Yehet mad* ! »
- ... tu privilégies le beurre salé au beurre doux.

# CITATION

« Le breton a prouvé
sa force et sa nécessité
en durant, c'est tout. »

*Lettres de Bretagne*,
Pierre Jakez Hélias

# QUIZ

Lorsque vous désirez un pommeau de Bretagne, vous voulez :

A) prendre une douche

B) boire de l'alcool de pomme

C) faire du poney

Réponse : B.

# BRETONNISMES

**J'y vois que dalle**

Ne rien y voir, *dall* signifiant « aveugle » en breton.

**Un pote**

*Ar paotr* veut dire « le gars » en breton.

**Une brêle**

*Brell* qualifie en breton quelqu'un d'écervelé, de fantasque, qui ne mène aucune action à bien.

# LEXIQUE FRANÇAIS-BRETON

**Tu me plais beaucoup :** *plijout a rez din kalz*

**S'embrasser :** *en em vriata*

**Câlin :** *noilh*

**Bise :** *bouch*

**À bientôt ! :** *kenavo ar c'hentañ !*

# DICTON DU MARIN
## POUR LE LINGE

Mouillé, c'est propre.
Tordu, c'est sec !

# EXPRESSIONS DU QUOTIDIEN

**Comment qu' c'est :** comment est-ce que

***Ma doué* :** mon Dieu

***Diwall !* :** attention !

**Loufer :** péter

# ENCORE UNE PETITE SOIF ?

« Bah tu command' pas
un chouchen ? Je croyais que les
Bretons y buvaient qu' ça ?

– Ah nan ! En fait, j'ai mêm' jamais goûté
ça de ma vie ! C'est un peu comm'
de l'hydromel nan ?

– Ouais, je crois bien, ouais. Le truc des
druides, là ! Merlin et tout le tintouin…

– Ouais bah nan, je vais me prend'
comme d'hab ! Ludo ! Un demi,
s'te plaît ! »

# TU SAIS QUE TU ES BRETON QUAND...

- ... 1532 est une date qui te parle (et pas forcément en bien !)
- ... tu as souvent le tournis (merci les ronds-points...)
- ... tu as un peu de mal avec les Anglais.
- ... tu as un seuil de tolérance beaucoup plus élevé que la moyenne pour supporter le son de la bombarde.

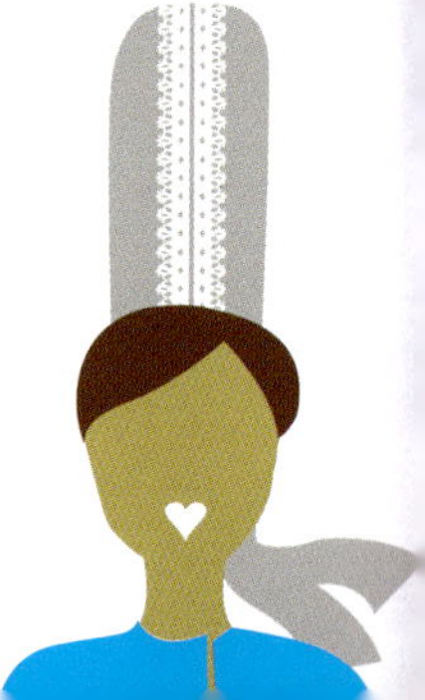

# CITATION

« Le chalutier qui a fait naufrage hier dans la Manche a pu être secouru à temps : sur les huit marins qui étaient à bord, cinq sont sains et trois saufs. »

*Mots et Grumots*, Marc Escayrol

# L'ALMANACH DU MARIN BRETON

En plus des horaires de marées, cette publication de référence depuis 1899 dispense des conseils vertueux :

**« Méfie-toi d'une poulie qui crie et d'une femme qui se tait. Toutes deux préparent un mauvais coup. »**

# DICTONS DU MARIN

Qui voit Ouessant
voit son sang.

Qui voit Sein voit sa fin.

Qui voit Groix voit sa croix.

Qui voit Molène
voit sa peine.

# EXPRESSIONS DU QUOTIDIEN

**Impeccab' :** parfait

**Y a skif :** il y a ce qu'il faut

**Un cageot :** une fille moche

**C'est pas Dieu possib' :** c'est pas vrai !

Ce soir, tu seras moins con !

# LE BOL BRETON

Les « bols à oreilles »,
aussi appelés « bols à prénoms »,
connaissent un succès phénoménal
dans toutes les boutiques de souvenirs
bretons. On utilisait ces petites écuelles en
faïence pour y mettre la bouillie. Les classes
sociales élevées disposaient également d'un
couvercle qui maintenait leur repas au chaud.

Les oreilles permettent de boire sans se
brûler et il n'y a que les ploucs à y
avoir pensé !

# DICTONS (VOSTFR)

***Al logodenn n'he-deus nemed eun toull, zo boued d'ar haz.***

La souris qui n'a qu'un trou se fait attraper par le chat.

***Ki besk ha kaz diskouarned, n'int mad nemed da zebri boued.***

Chien sans queue et chat sans oreilles ne sont bons qu'à manger.

# CITATION

« Naviguer est une activité qui ne convient pas aux imposteurs. Dans bien des professions, on peut faire illusion et bluffer en toute impunité. En bateau, on sait ou on ne sait pas. »

*Mémoires du large,*
Éric Tabarly

# QUIZ

*Pen ar bed* signifie :

A) qui a du mal à aller se coucher

B) bout du monde

C) taie d'oreiller

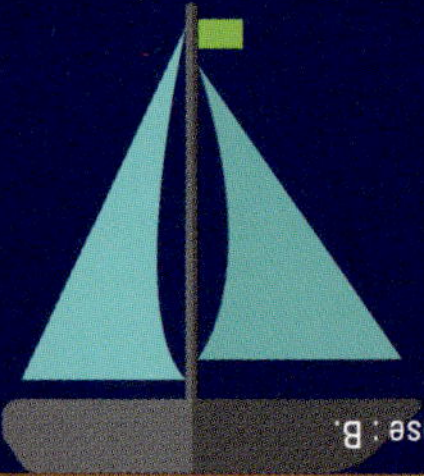

Réponse : B.

Ce soir, tu seras moins con !

# RUE DE LA SOIF

En Bretagne, il existe une « rue de la soif » dans plusieurs villes. Vous pouvez en entreprendre la traversée à Rennes, Saint-Malo, Brest ou Dinan, le but étant d'entrer dans chaque bar de la rue pour boire un coup et, si vous êtes un vrai de vrai comme mon papa, de faire le même parcours dans l'autre sens !

# EXCUSES BRETONNES

**Désolé pour le retard…**

- … j'ai dû venir en tracteur.
- … j'ai été attaqué par des mouettes.
- … je me suis coupé les deux mains avec une boîte de sardines.
- … mon cochon préféré est mort.
- … je savais pas où j'étais en partant.

# DICTON DU MARIN

Goéland qui se gratte
le gland, mauvais
temps ; goéland
qui se gratte le cul,
pas beau non plus.

# LEXIQUE FRANÇAIS-BRETON

**Bonne année :** *bloavezh mat*

**Face de cul :**
*penn revr* (prononcer *rouer*)

**Pouilleux :** *penn laou*
(insulte courante)

**Allez ! En avant ! :** *war-raok !*

**Au lit maintenant ! :**
*da gousket bremañ !*

# MÉTÉO

En Bretagne, il ne pleut que sur les touristes, qu'on surnomme aussi gentiment les cons.